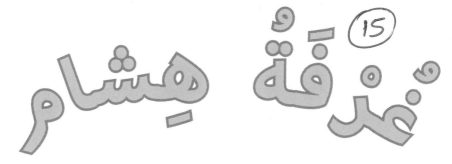

15

غُرْفَةُ هِشام

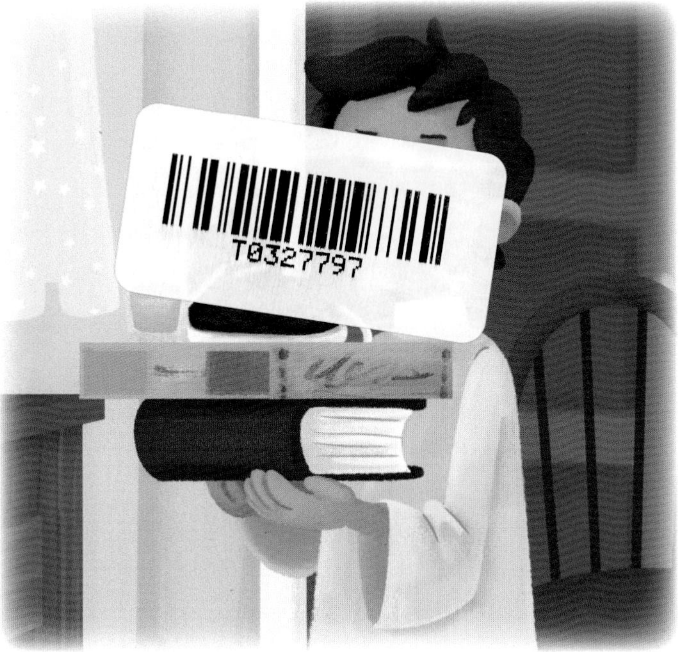

بِقَلَم: مَحْمود جَعْفَر

بِريشَة: عَبْدي مارّ

Collins

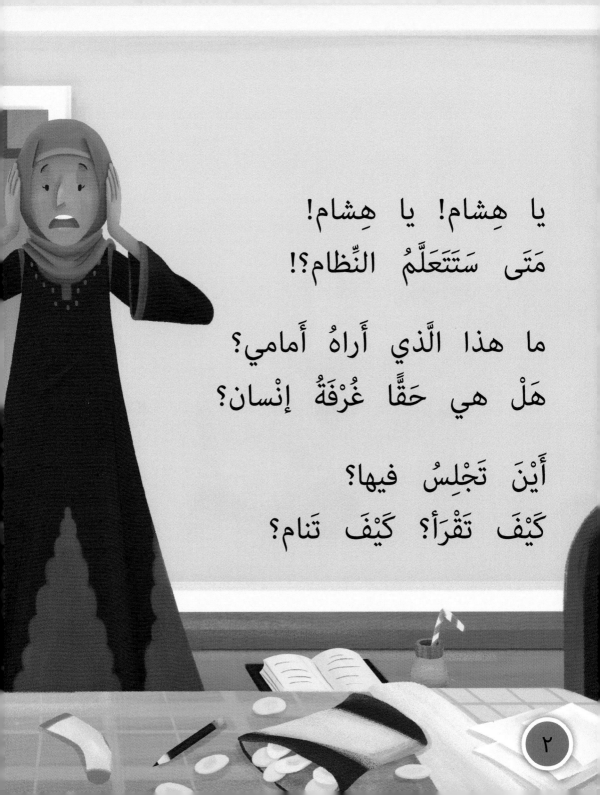

يا هِشام! يا هِشام!
مَتَى سَتَتَعَلَّمُ النِّظام؟!

ما هذا الَّذي أَراهُ أَمامي؟
هَلْ هي حَقًّا غُرْفَةُ إنْسان؟

أَيْنَ تَجْلِسُ فيها؟
كَيْفَ تَقْرَأ؟ كَيْفَ تَنام؟

هشام

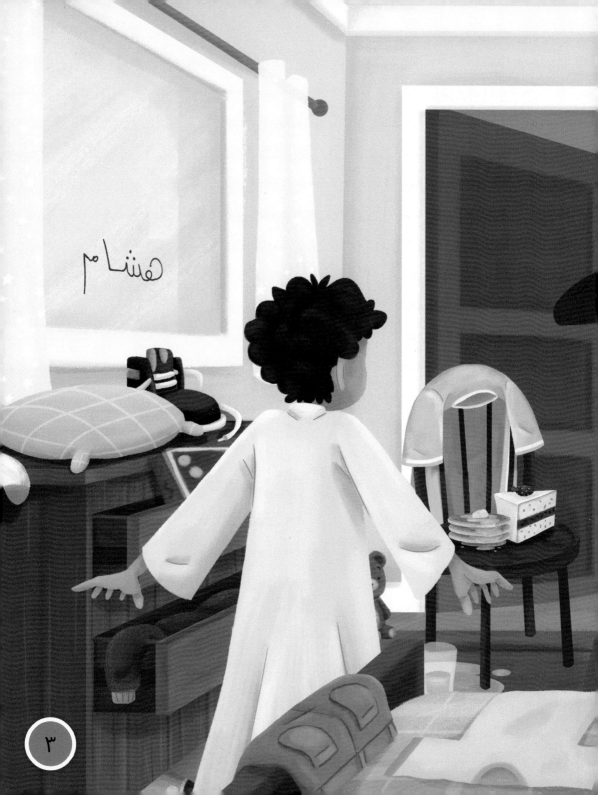

حينَ أَرى هذه الغُرْفَة،
لِماذا أُفَكِّرُ في خُمِّ الدَّجاج؟

دَعْنا نُحَوِّلُها إلى حَظيرَة،
ونُرَبّي فيها الخِرافَ والنِّعاج.

ولِماذا يا ابْني تَسْتَخْدِمُ قَلَمَك
في الكِتابَةِ عَلى الزُّجاج؟

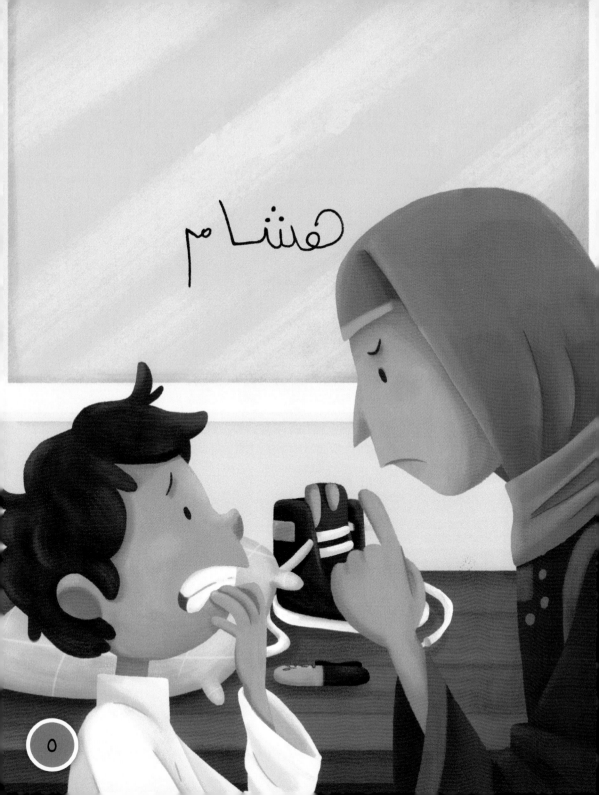

هشام

مَلابِسُ النَّوْمِ في كَوْمَةٍ صَغيرَةٍ،
بَيْنَ البابِ والشُّبّاك.

والجَوارِبُ بَعْثَرْتَها،
الأَبْيَضُ هُنا، وَالأَزْرَقُ هُناك.

وقَميصُ المَدْرَسَةِ فَوْقَ المِصْباحِ والأَسْلاك.

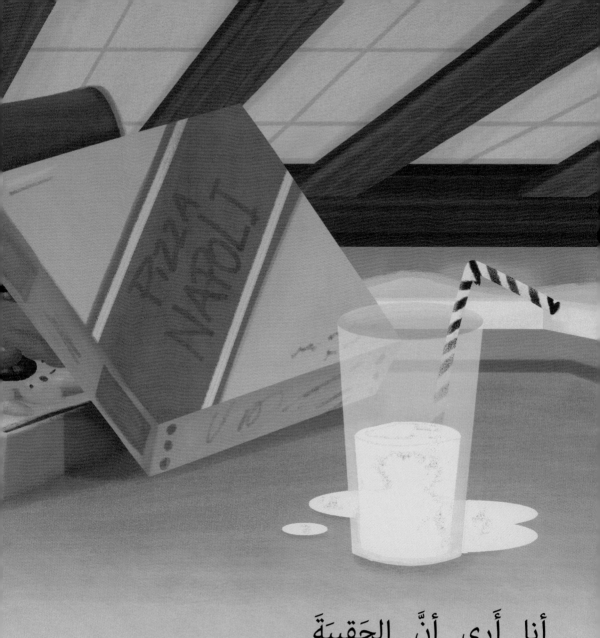

أنا أَرى أَنَّ الحَقيبَةَ
مَفْتوحَةٌ تَحْتَ السَّرير.

بِداخِلِها نِصْفُ مَوْزَة،
وَأَمامَها كوبُ العَصير.

وَخَلْفَ الكوبِ شَريحَةُ بيتزا،
منَ الحَجْمِ العائليِّ الكَبير.

عَلى المَقْعَدِ كَعْكَتانِ،
واحِدَةٌ ساخِنَةٌ،
وَالأُخْرى بارِدَة.

ولِماذا وَضَعْتَ الوِسادَةَ
وَحِذاءَ الرِّياضَةِ
فَوْقَ المائدَة؟

هَلْ طارَتْ نَصائحي كُلُّها
في الهَواءِ بِلا فائدَة؟

سَنَتَّبِعُ نِظامًا جَديدًا،
لا فَوْضى بَعْدَ الآن.

سَنُرَتِّبُ غُرْفَتَكَ مَعًا قَبْلَ أنْ تَنام.

وَسَتَبْقى نَظيفَةً عَلى الدَّوام.

هيّا! اِبْدَأ الآنَ
يا هِشام!

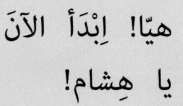

ما هذا الَّذي أَراهُ أَمامي؟

❀ أفكار واقتراحات ❀

الأهداف:

- متابعة تطوّرات موقف مألوف لشخصيّتين خياليّتين.

- التعرّف على حروف الجرّ وعلى ظرف المكان.

- الانتباه إلى الإيقاع والقافية في بعض الكلمات والجُمل البسيطة.

- قراءة بعض الكلمات البسيطة بدون تشكيل (هذا/هذه/في/فيها/هي، إلخ).

روابط مع الموادّ التعليميّة ذات الصلة:

- مبادئ التفاعل الاجتماعيّ في الأسرة.

- الانتباه إلى الإيقاع اللغويّ والسجع في كلمات عربيّة مألوفة.

مفردات شائعة في العربيّة: متى، ما، هذا، هذه، في، على، هنا، هناك

مفردات جديرة بالانتباه: أمام، بين، فوق، تحت، خلفَ

عدد الكلمات: ١٢٨

الأدوات: ورق، أقلام رسم وتلوين، صمغ، مقصّ، انترنت

قبل القراءة:

- ماذا ترون على الغلاف الخارجيّ الأماميّ؟

- ماذا يوجد خلف الباب يا ترى؟

- هيّا نقرأ العنوان معًا.

أثناء القراءة:

- هل يبدو هشام سعيدًا وهو يحمل أغراضه ص ١؟